Impressum
Verlag: BABADADA GmbH, Nedderfeld 112 , 22529 Hamburg
Geschäftsführer / Verlagsleitung: Harald Hof
Druck: Books on Demand GmbH, In de Tarpen 42, 22848 Norderstedt

Imprint
Publisher: BABADADA GmbH, Nedderfeld 112 , 22529 Hamburg, Germany
Managing Director / Publishing direction: Harald Hof
Print: Books on Demand GmbH, In de Tarpen 42, 22848 Norderstedt

σχολείο
skool

σχολική τάξη
klaskamer

διαιρώ
deel

186/2

σχολική αυλή
speelgrond

πίνακας
raad

δάσκαλος
onderwyser

χαρτί
papier

γράφω
skryf

στυλό
pen

γραφείο
lessenaar

χάρακας
liniaal

βιβλίο
boek

μαθητής
leerling

σχολική τσάντα

skooltas

κασετίνα/ μολυβοθήκη

potloodhouer

μολύβι

potlood

ξύστρα

skerpmaker

γόμα

rubber

μπλοκ ζωγραφικής

tekenblok

ζωγραφική

tekening

πινέλο

verfkwas

κουτί χρωμάτων

verfoppervlak

ψαλίδι

skêr

κόλλα

gom

τετράδιο ασκήσεων

oefenboek

εργασία για το σπίτι

huiswerk

12

αριθμός

aantal

2+2

προσθέτω

optel

5-2

αφαιρώ

aftrek

2×2

πολλαπλασιάζω

maal

υπολογίζω

bereken

A

γράμμα

brief

ABCDEFG
HIJKLMN
OPQRSTU
VWXYZ

αλφάβητο

alaphabet

hello

λέξη

woord

κείμενο

teks

διαβάζω

lees

κιμωλία

kryt

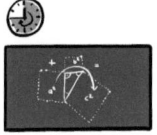

μάθημα

les

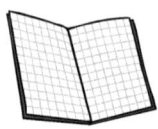

εγγράφομαι

registreer

τεστ

eksamen

πιστοποιητικό

sertifikaat

μαθητική στολή

skooluniform

εκπαίδευση

onderwys

εγκυκλοπαίδεια

ensiklopedie

πανεπιστήμιο

universiteit

μικροσκόπιο

mikroskoop

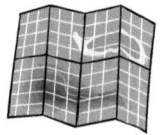

χάρτης

kaart

καλάθι αχρήστων

vullisdrom

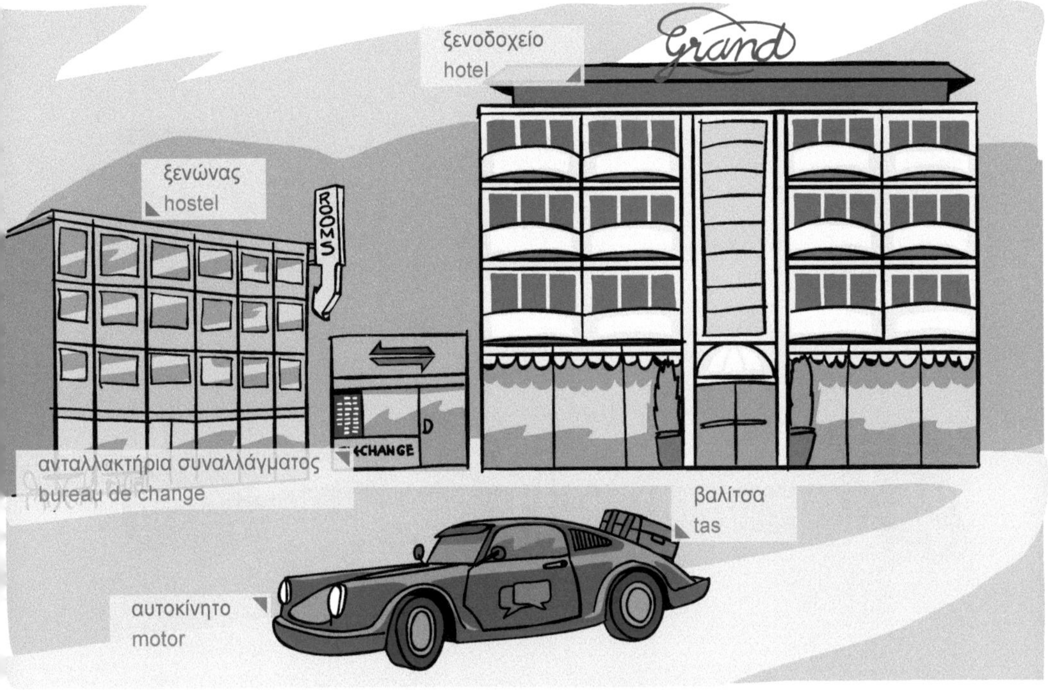

ξενοδοχείο
hotel
Grand
ξενώνας
hostel
ROOMS
CHANGE
ανταλλακτήρια συναλλάγματος
bureau de change
βαλίτσα
tas
αυτοκίνητο
motor

γλώσσα

taal

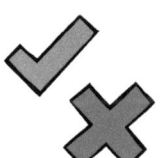

ναι / όχι

ja / nee

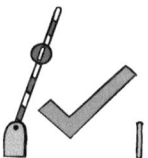

εντάξει

Goed

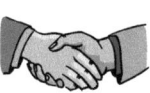

γεια σου

hallo

μεταφραστής

vertaler

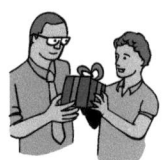

Ευχαριστώ

Dankie

πόσο κάνει ;

hoeveel is...?

Δε καταλαβαίνω

Ek verstaan nie

πρόβλημα

probleem

Καλησπέρα!

Goeie naand!

Καλημέρα!

Goeie môre!

Καληνύχτα!

Goeie nag!

Αντίο

totsiens

κατεύθυνση

rigting

αποσκευές

bagasie

τσάντα

sak

σακίδιο πλάτης

rugsak

καλεσμένος

gas

δωμάτιο

kamer

υπνόσακος

slaapsak

σκηνή

tent

τουριστικές πληροφορίες

toeriste-inligting

παραλία

strand

πιστωτική κάρτα

kredietkaart

πρωινό

ontbyt

μεσημεριανό

middagete

δείπνο

aandete

εισιτήριο

kaartjie

ανελκυστήρας

hysbak

γραμματόσημο

posseël

σύνορα

grens

τελωνείο

doeane

πρεσβεία

ambassade

βίζα

visum

διαβατήριο

paspoort

μεταφορά

vervoer

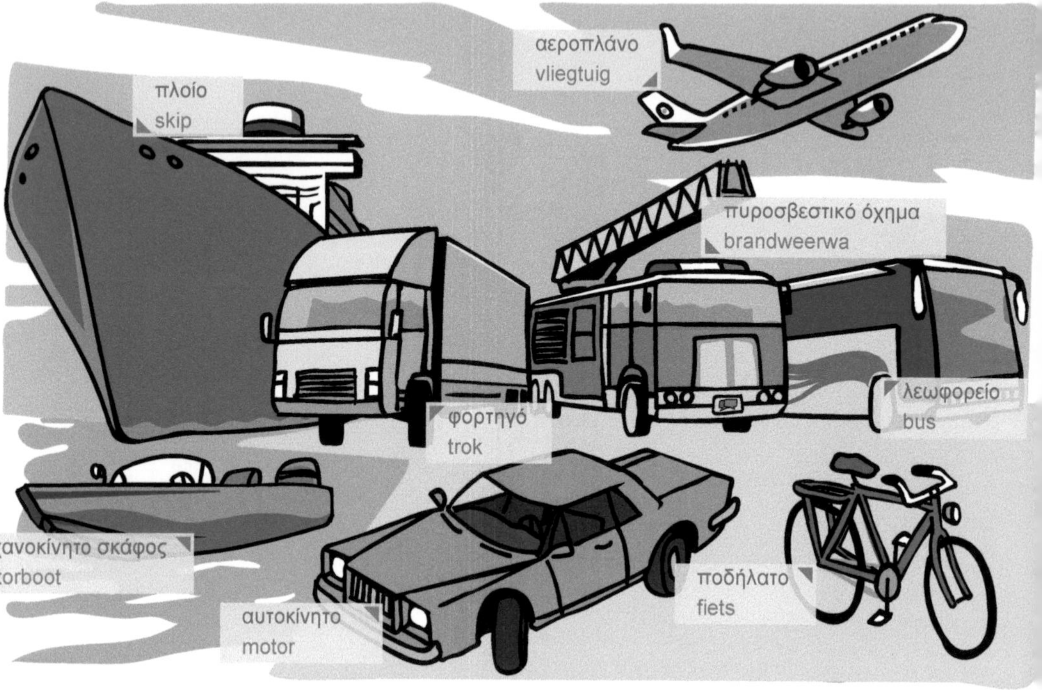

αεροπλάνο
vliegtuig
πλοίο
skip
πυροσβεστικό όχημα
brandweerwa
λεωφορείο
bus
φορτηγό
trok
χανοκίνητο σκάφος
torboot
ποδήλατο
fiets
αυτοκίνητο
motor

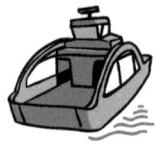

φεριμπότ

veerboot

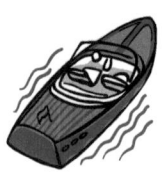

βάρκα

boot

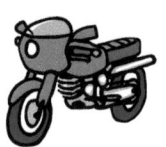

μοτοσικλέτα

motorfiets

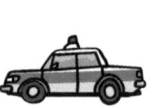

περιπολικό

polisiemotor

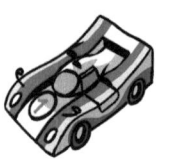

αγωνιστικό αυτοκίνητο

renmotor

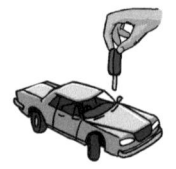

ενοικιαζόμενο αυτοκίνητο

huurmotor

διαμοιρασμός αυτοκινήτων

car-sharing

γερανός

insleepvoertuig

απορριμματοφόρο

vullisverwydering

κινητήρας

enjin

καύσιμο

brandstof

βενζινάδικο

vulstasie

πινακίδα σήμανσης

verkeersteken

κυκλοφορία

verkeer

κυκλοφοριακή συμφόρηση

verkeersknoop

χώρος στάθμευσης

parkeerplek

σιδηροδρομικός σταθμός

stasie

σιδηροδρομικές γραμμές

spore

τρένο

trein

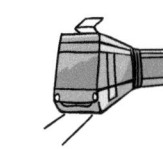

τραμ

tram

βαγόνι

wa

μεταφορά - vervoer

9

ελικόπτερο
helikopter

αεροδρόμιο
lughawe

πύργος
toring

επιβάτης
passasier

εμπορευματοκιβώτιο
houer

χαρτοκιβώτιο
karton

καρότσι
karretjie

καλάθι
mandjie

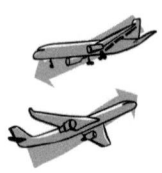

απογειώνομαι /
προσγειόνομαι
opstyg / land

πόλη
stad

χωριό
dorpie

κέντρο της πόλης
middestad

σπίτι
huis

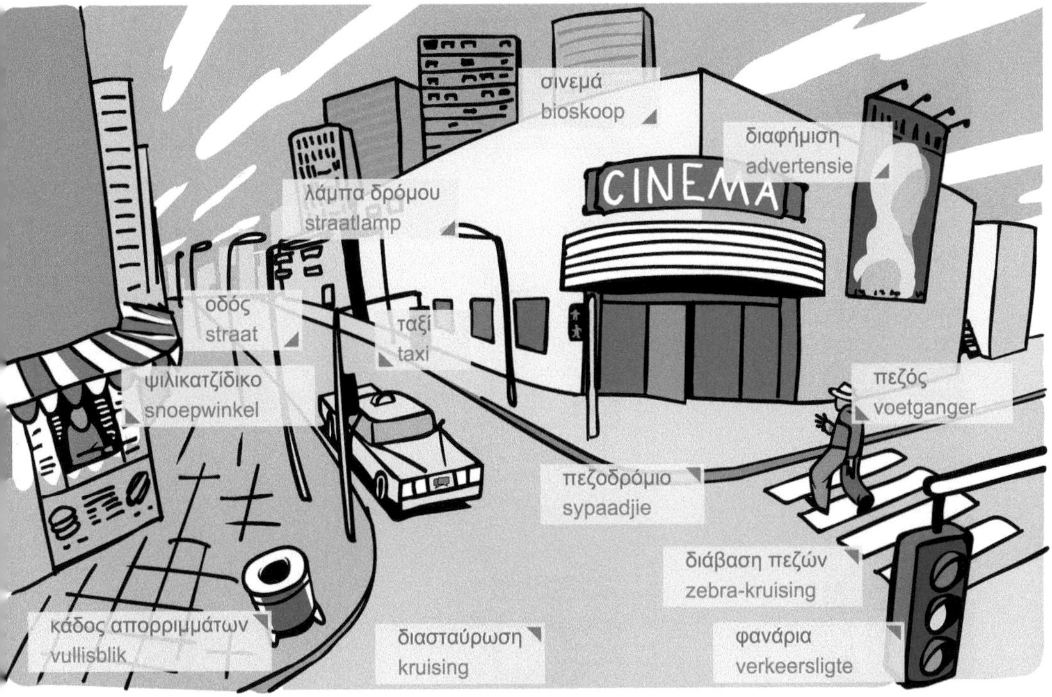

σινεμά
bioskoop
CINEMA
διαφήμιση
advertensie
λάμπα δρόμου
straatlamp
οδός
straat
ταξί
taxi
ψιλικατζίδικο
snoepwinkel
πεζός
voetganger
πεζοδρόμιο
sypaadjie
διάβαση πεζών
zebra-kruising
κάδος απορριμμάτων
vullisblik
διασταύρωση
kruising
φανάρια
verkeersligte

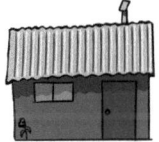

καλύβα

hut

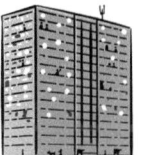

διαμέρισμα

woonstel

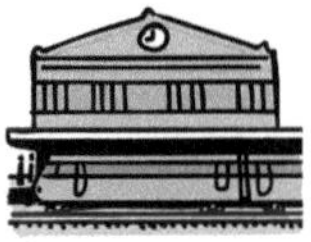

σιδηροδρομικός σταθμός

stasie

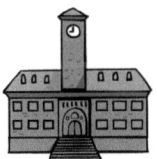

δημαρχείο

stadsaal

MUSEUM

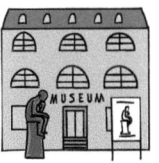

μουσείο

museum

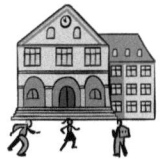

σχολείο

skool

πανεπιστήμιο

universiteit

τράπεζα

bank

νοσοκομείο

hospitaal

ξενοδοχείο

hotel

φαρμακείο

apteek

γραφείο

kantoor

βιβλιοπωλείο

boekwinkel

κατάστημα

winkel

ανθοπωλείο

bloemis

σούπερ μάρκετ

supermark

αγορά

mark

πολυκατάστημα

handelshuis

ιχθυοπωλείο

viswinkel

εμπορικό κέντρο

inkopiesentrum

λιμάνι

hawe

πάρκο

park

παγκάκι

bankie

γέφυρα

brug

σκάλες

trappe

μετρό

moltrein

τούνελ

tonnel

στάση λεωφορείου

bushalte

μπαρ

kroeg

εστιατόριο

restaurant

γραμματοκιβώτιο

posbus

πινακίδα δρόμου

straatnaambord

παρκόμετρο

parkeermeter

ζωολογικός κήπος

dieretuin

πισίνα

swembad

τζαμί

moskee

αγρόκτημα

plaas

ρύπανση

besoedeling

νεκροταφείο

begraafplaas

εκκλησία

kerk

παιδική χαρά

speelgrond

ναός

tempel

τοπίο
landskap

φύλλο
blaar

πινακίδα κατεύθυνσης
padwyser

δρόμος
pad

λιβάδι
weiland

πέτρα
klip

δέντρο
boom

πεζοπόρος
voetslaner

ποτάμι
rivier

χορτάρι
gras

λουλούδι
blom

κοιλάδα
vallei

λόφος
heuwel

λίμνη
meer

δάσος
bos

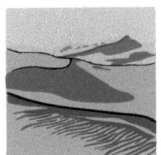

έρημος
woestyn

ηφαίστειο
vulkaan

κάστρο
kasteel

ουράνιο τόξο
reënboog

μανιτάρι
sampioen

φοίνικας
palmboom

κουνούπι
muskiet

μύγα
vlieg

μυρμήγκι
mier

μέλισσα
by

αράχνη
spinnekop

σκαθάρι

miskruier

βάτραχος

padda

σκίουρος

eekhoring

σκαντζόχοιρος

krimpvarkie

λαγός

haas

κουκουβάγια

uil

πουλί

voël

κύκνος

swaan

αγριογούρουνο

wildevark

ελάφι

takbok

άλκη

elk

φράγμα

opgaardam

ανεμογεννήτρια

windturbine

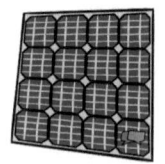

ηλιακός συλλέκτης

sonpaneel

κλίμα

klimaat

εστιατόριο
restaurant

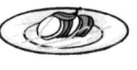

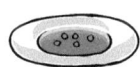

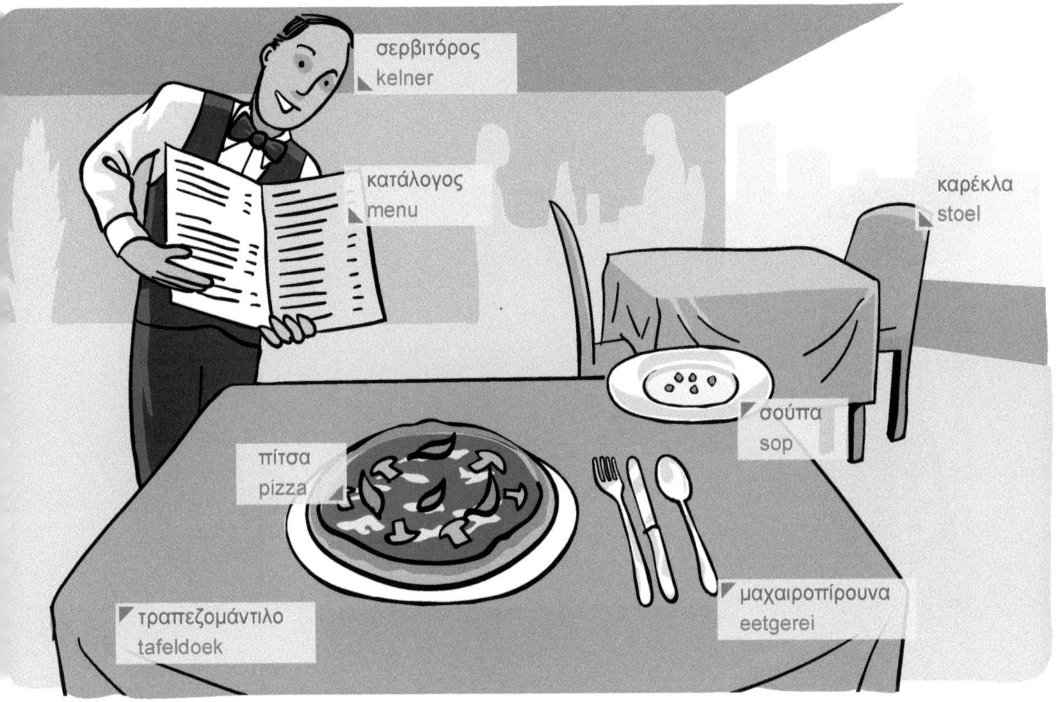
σερβιτόρος
kelner
κατάλογος
menu
καρέκλα
stoel
σούπα
sop
πίτσα
pizza
μαχαιροπίρουνα
eetgerei
τραπεζομάντιλο
tafeldoek

ορεκτικό
voorgereg

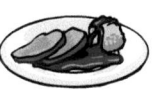

κύριο πιάτο
hoofgereg

επιδόρπιο
nagereg

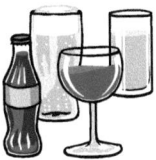

ποτά
drankies

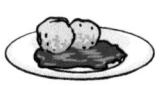

φαγητό
kos

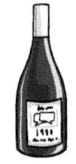

μπουκάλι
bottel

φαστ φουντ

kitskos

φαγητό στ' όρθιο

straatkos

τσαγιέρα

teepot

δοχείο ζάχαρης

suikerverpakking

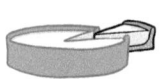

μερίδα

porsie

μηχανή εσπρέσο

espresso masjien

ψηλή καρέκλα

hoë stoel

λογαριασμός

rekening

δίσκος

skinkbord

μαχαίρι

mes

πιρούνι

vurk

κουτάλι

lepel

κουταλάκι του τσαγιού

teelepel

πετσέτα φαγητού

servet

ποτήρι

glas

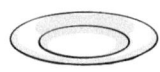

πιάτο

gereg

πιάτο σούπας

sopbakkie

πιατάκι φλιτζανιού

piering

σάλτσα

sous

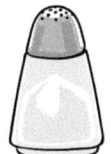

αλατιέρα

soutpot

μύλος για πιπέρι

pepermeul

ξύδι

asyn

λάδι

olie

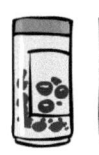

μπαχαρικά

speserye

κέτσαπ

tamatiesous

μουστάρδα

mosterd

μαγιονέζα

mayonaise

σούπερ μάρκετ
supermark

προσφορά
spesiale aanbieding
πελάτης
kliënt
γαλακτοκομικά προϊόντα
suiwelprodukte
φρούτα
vrugte
καρότσι για ψώνια
trollie
FOR

BUTCHERS

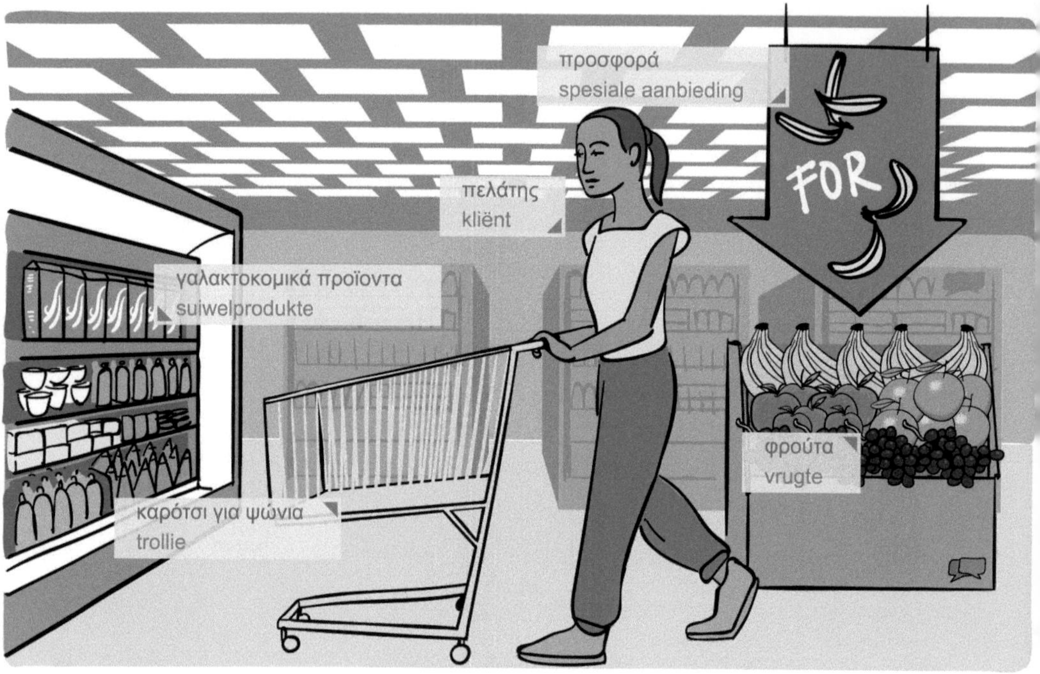

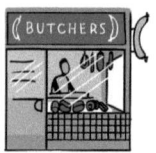

κρεοπωλείο

slaghuis

BAKERY

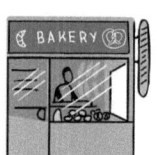

φούρνος

bakkery

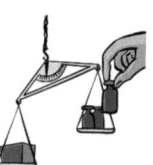

ζυγίζω

weeg

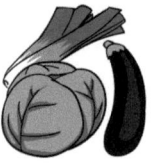

λαχανικά

groente

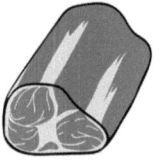

κρέας

vleis

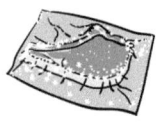

κατεψυγμένα τρόφιμα

bevrore voedsel

αλλαντικά
kouevleis

κονσερβοποιημένη τροφή
blikkieskos

απορρυπαντικό ρούχων
waspoeier

γλυκά
lekkers

οικιακά είδη
huishoudelike produkte

καθαριστικά προϊόντα
skoonmaakprodukte

πωλήτρια
verkoopsvrou

ταμείο
kasregister

ταμίας
kassier

λίστα για ψώνια
inkopielys

ωράριο λειτουργίας
besigheidsure

πορτοφόλι
beursie

πιστωτική κάρτα
kredietkaart

τσάντα
sak

πλαστική σακούλα
plastieksak

νερό

water

χυμός

sap

γάλα

melk

κόκα κόλα

coke

κρασί

wyn

μπίρα

bier

αλκοόλ

alkohol

κακάο

kakao

τσάι

tee

καφές

koffie

εσπρέσο

espresso

καπουτσίνο

cappuccino

μπανάνα

piesang

μήλο

appel

πορτοκάλι

lemoen

πεπόνι

waatlemoen

λεμόνι

suurlemoen

καρότο

wortel

σκόρδο

knoffel

μπαμπού

bamboes

κρεμμύδι

ui

μανιτάρι

sampioen

ξηροί καρποί

neute

νουντλς

noedels

μακαρόνια

spaghetti

ρύζι

rys

σαλάτα

slaai

πατατάκια

aartappelskyfies

τηγανητές πατάτες

gebraaide aartappels

πίτσα

pizza

χάμπουργκερ

hamburger

σάντουιτς

toebroodjie

κοτολέτα

kotelet

ζαμπόν

ham

σαλάμι

salami

λουκάνικο

wors

κοτόπουλο

hoender

ψητό

braaivleis

ψάρι

vis

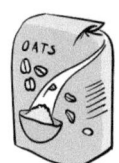

χυλός βρώμης

hawermoutflokkies

μούσλι

muesli

κορν φλέικς

graanvlokkies

αλεύρι

meel

κρουασάν

croissant

ψωμάκι

broodrolletjie

ψωμί

brood

τοστ

roosterbrood

μπισκότα

koekies

βούτυρο

botter

τυρόπηγμα

dikmelk

κέικ

koek

αυγό

eier

τηγανητό αυγό

gebraaide eier

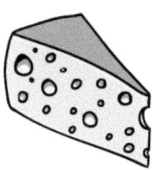

τυρί

kaas

παγωτό

roomys

ζάχαρη

suiker

μέλι

heuning

μαρμελάδα

konfyt

άλλειμμα σοκολάτας

nougat-smeer

κάρυ

kerrie

αγρόκτημα

plaas

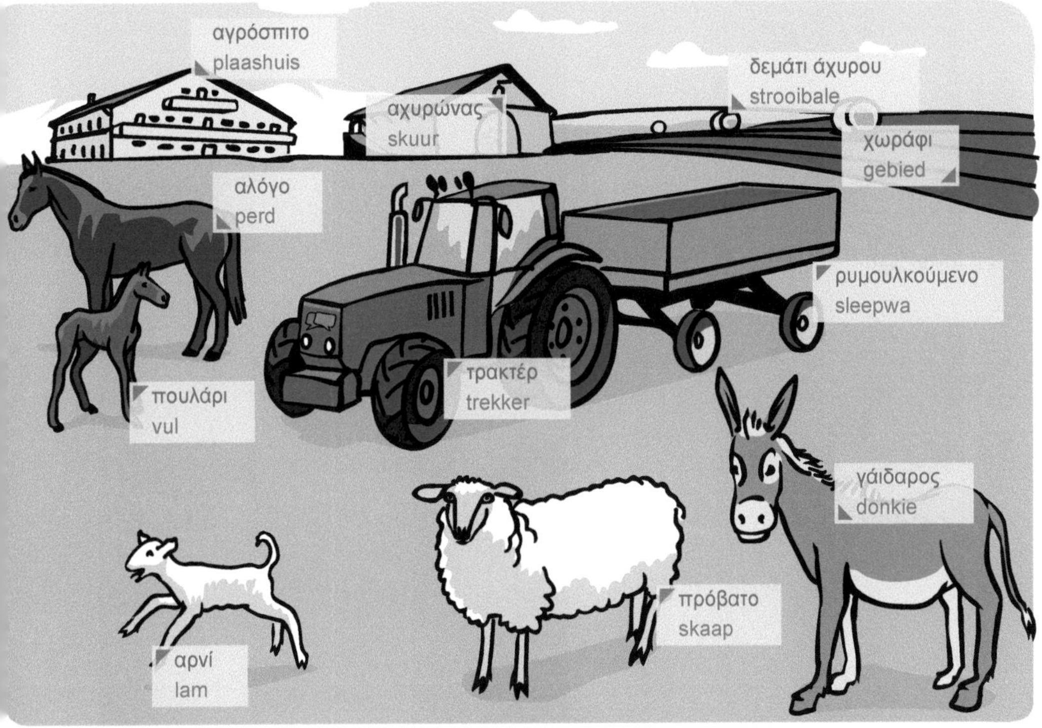
αγρόσπιτο
plaashuis
αχυρώνας
skuur
δεμάτι άχυρου
strooibale
χωράφι
gebied
αλόγο
perd
ρυμουλκούμενο
sleepwa
τρακτέρ
trekker
πουλάρι
vul
γάιδαρος
donkie
πρόβατο
skaap
αρνί
lam

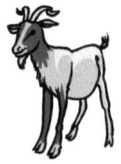

κατσίκα

bok

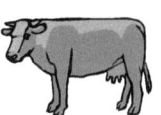

αγελάδα

koei

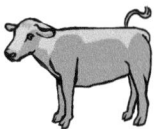

μοσχαράκι

kalf

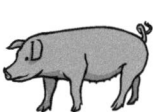

γουρούνι

vark

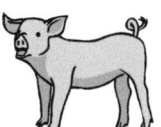

γουρουνάκι

varkie

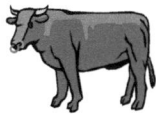

ταύρος

bul

χήνα

gans

πάπια

eend

κοτοπουλάκι

kuiken

κότα

hen

κόκορας

haan

αρουραίος

rot

γάτα

kat

ποντίκι

muis

βόδι

os

σκύλος

hond

σπιτάκι σκύλου

hondehok

λάστιχο κήπου

tuinslang

ποτιστήρι

gieter

θεριστήρι

sens

αλέτρι

ploeg

δρεπάνι

sekel

τσάπα

skoffel

δίκρανο

gaffel

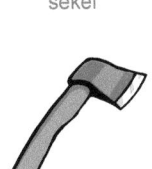

τσεκούρι

byl

χειράμαξα

kruiwa

ταΐστρα

trog

δοχείο γάλακτος

melkkan

σάκος

sak

φράχτης

heining

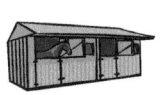

στάβλος

stal

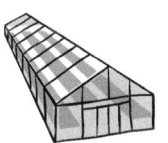

θερμοκήπιο

kweekhuis

έδαφος

grond

σπόρος

saad

λίπασμα

kunsmis

θεριζοαλωνιστική μηχανή

stroper

θερίζω

oes

συγκομιδή

oes

γιαμς

yam

σιτάρι

koring

σόγια

soja

πατάτα

aartappel

καλαμπόκι

koring

κράμβη

raapsaad

οπωροφόρο δέντρο

vrugteboom

μανιόκα

broodwortel

δημητριακά

graan

σπίτι
huis

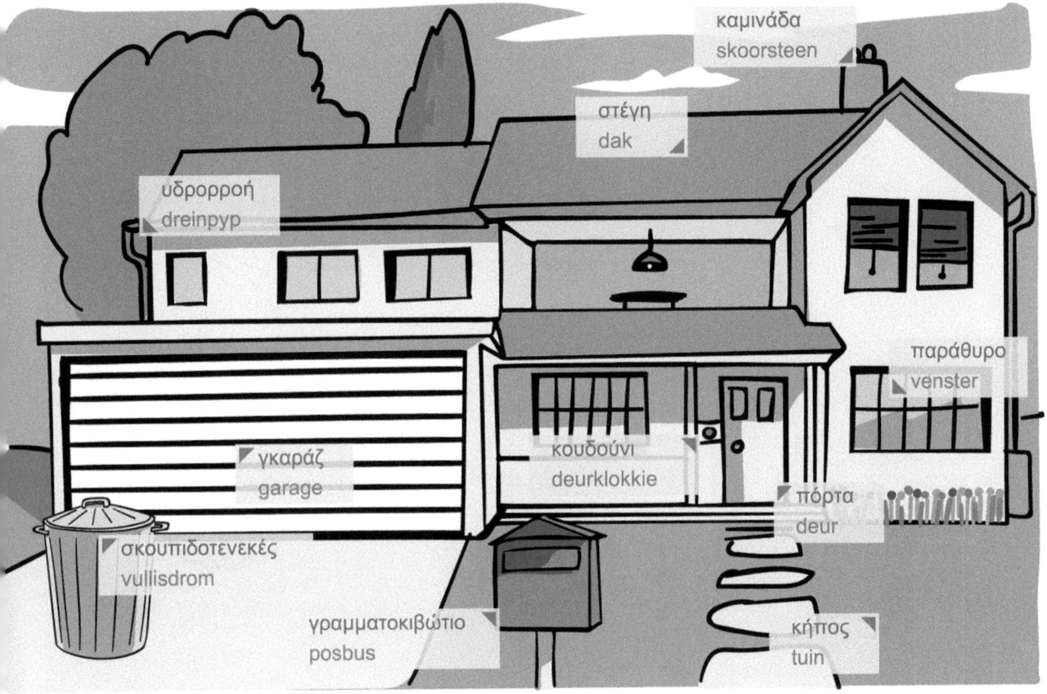
καμινάδα
skoorsteen
στέγη
dak
υδρορροή
dreinpyp
παράθυρο
venster
γκαράζ
garage
κουδούνι
deurklokkie
πόρτα
deur
σκουπιδοτενεκές
vullisdrom
γραμματοκιβώτιο
posbus
κήπος
tuin

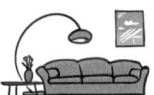

σαλόνι

woonkamer

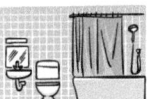

μπάνιο

badkamer

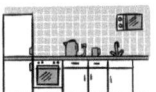

κουζίνα

kombuis

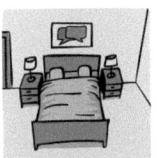

υπνοδωμάτιο

slaapkamer

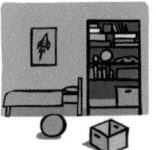

παιδικό δωμάτιο

kinderkamer

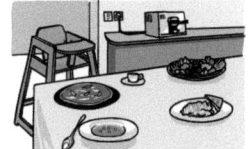

τραπεζαρία

eetkamer

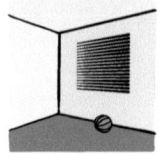

πάτωμα
vloer

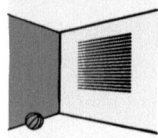

τοίχος
muur

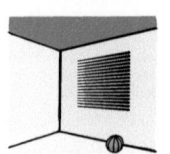

οροφή
plafon

κελάρι
kelder

σάουνα
sauna

μπαλκόνι
balkon

βεράντα
terras

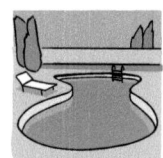

πισίνα
swembad

μηχανή του γκαζόν
grassnyer

σεντόνι
beddegoedoortreksel

κάλυμμα κρεβατιού
deken

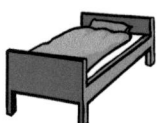

κρεβάτι
bed

σκούπα
besem

κουβάς
emmer

διακόπτης
skakelaar

σαλόνι

woonkamer

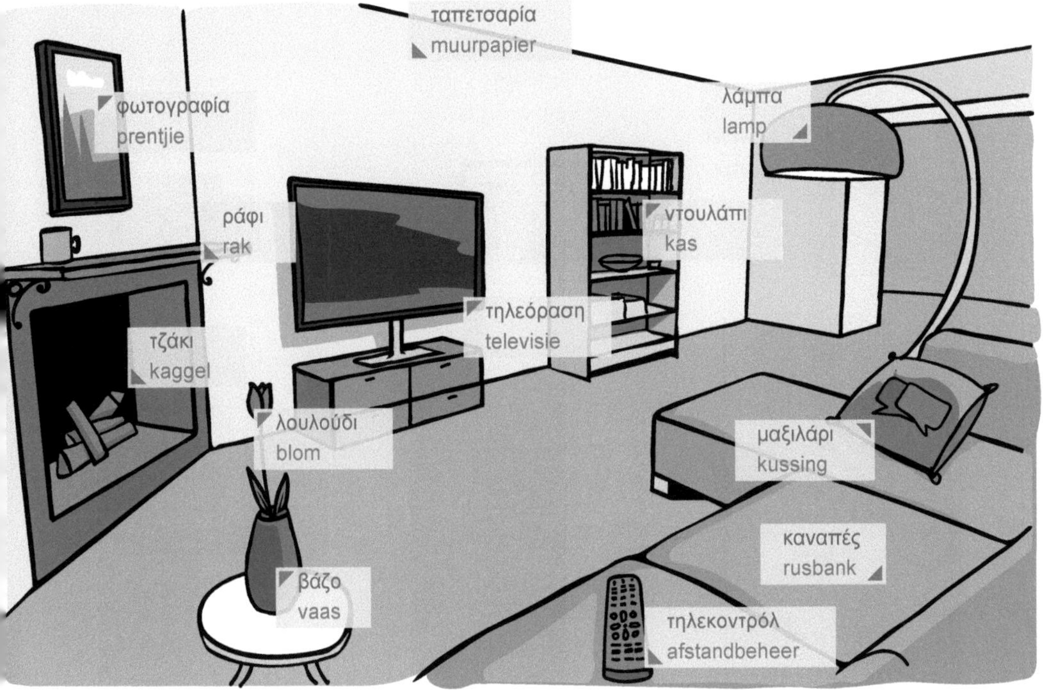
ταπετσαρία
muurpapier
φωτογραφία
prentjie
λάμπα
lamp
ράφι
rak
ντουλάπι
kas
τηλεόραση
televisie
τζάκι
kaggel
λουλούδι
blom
μαξιλάρι
kussing
καναπές
rusbank
βάζο
vaas
τηλεκοντρόλ
afstandbeheer

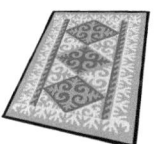

χαλί

mat

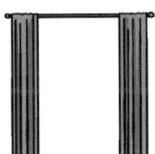

κουρτίνα

gordyn

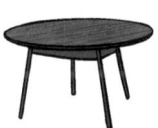

τραπέζι

tafel

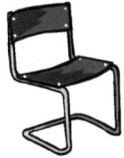

καρέκλα

stoel

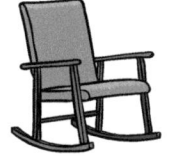

κουνιστή πολυθρόνα

wiegstoel

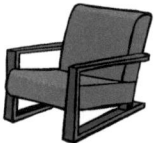

πολυθρόνα

leunstoel

βιβλίο

boek

κουβέρτα

kombers

διακόσμηση

versiering

καυσόξυλα

vuurmaakhout

ταινία

film

στερεοφωνικό σύστημα

hoëtroustel

κλειδί

sleutel

εφημερίδα

koerant

πίνακας ζωγραφικής

skildery

αφίσα

plakkaat

ραδιόφωνο

radio

σημειωματάριο

notaboekie

ηλεκτρική σκούπα

stofsuier

κάκτος

kaktus

κερί

kers

κουζίνα
kombuis

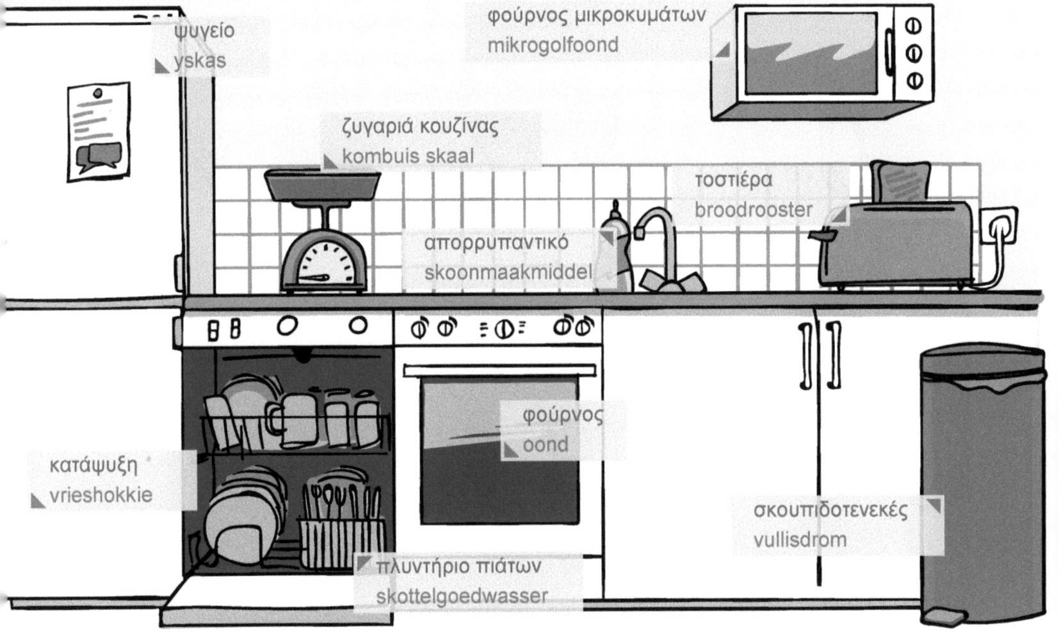

ψυγείο
yskas
φούρνος μικροκυμάτων
mikrogolfoond
ζυγαριά κουζίνας
kombuis skaal
τοστιέρα
broodrooster
απορρυπαντικό
skoonmaakmiddel
φούρνος
oond
κατάψυξη
vrieshokkie
σκουπιδοτενεκές
vullisdrom
πλυντήριο πιάτων
skottelgoedwasser

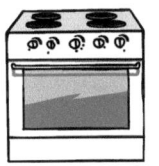

κουζίνα
....
drukkoker

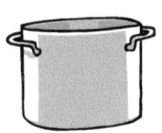

κατσαρόλα
....
pot

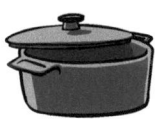

μαντεμένια κατσαρόλα
....
ysterpot

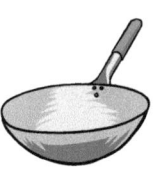

γουόκ/καντάι
....
wok / kadai

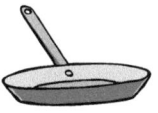

τηγάνι
....
pan

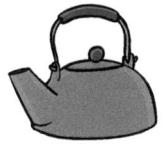

βραστήρας
....
ketel

ατμομάγειρας

stoomkoker

ταψί

bakplaat

πιατικά

breekware

κούπα

beker

μπολ

bak

ξυλάκια

eetstokkie

κουτάλα

skeplepel

σπάτουλα

spatel

ανακατεύω

klitser

σουρωτήρι

sif

σουρωτηράκι

sif

τρίφτης

rasper

γουδί

vysel

ψησταριά

braai

ανοιχτή φωτιά

oop vuur

σανίδα κοπής

broodplank

πλάστης

koekroller

ανοιχτήρι φελλών

kurktrekker

κονσέρβα

kan

ανοιχτήρι κονσέρβας

blikoopmaker

γάντι φούρνου

vatlap

νεροχύτης

opwasbak

βούρτσα

borsel

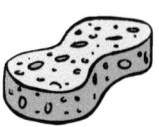

σφουγγάρι

spons

μπλέντερ

menger

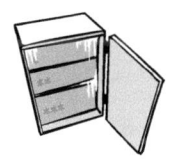

καταψύκτης

vrieskas

μπιμπερό

bababottel

βρύση

kraan

μπάνιο
badkamer

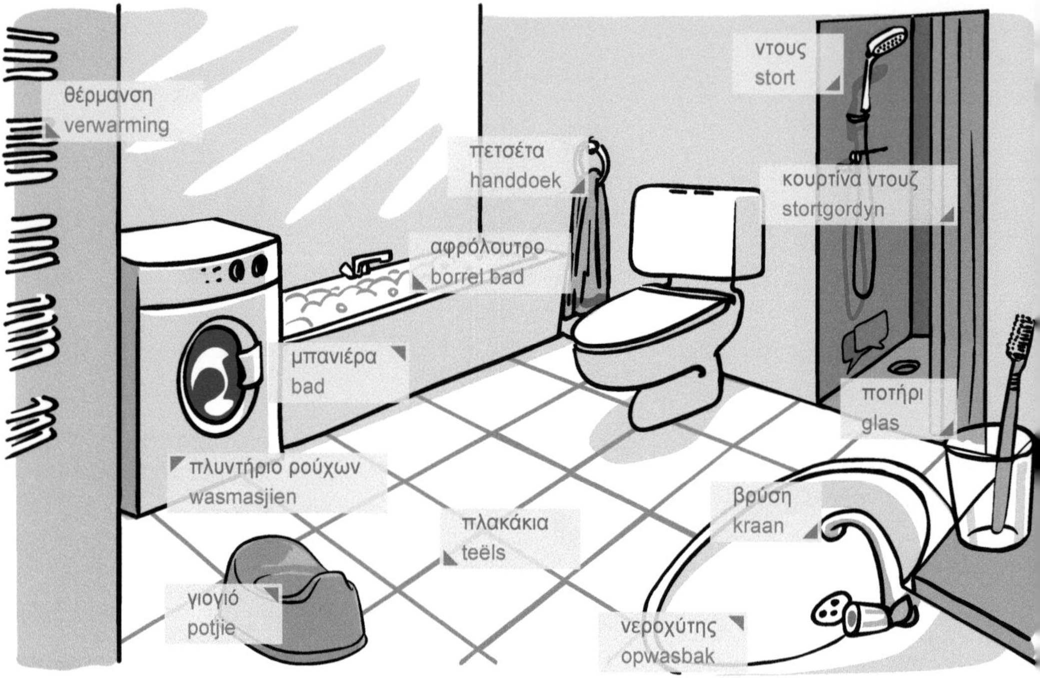

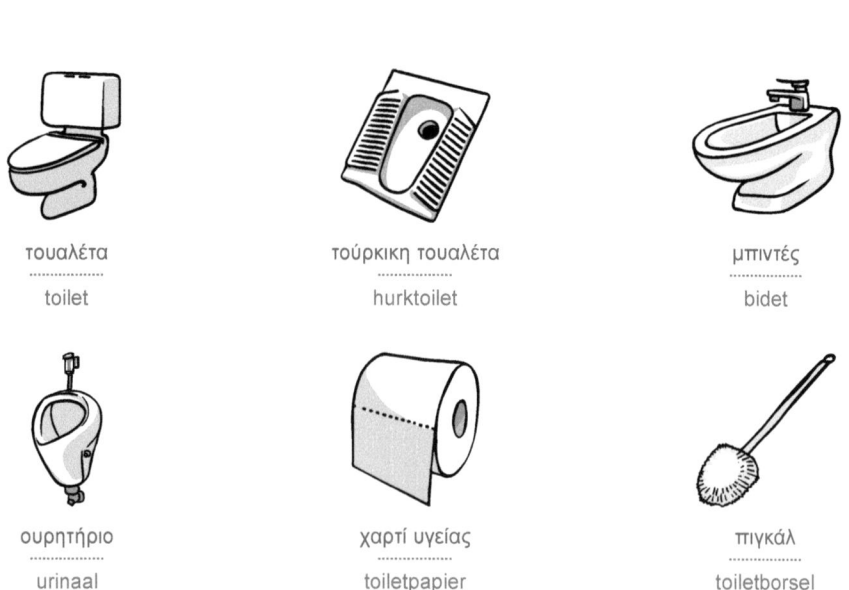

θέρμανση
verwarming
πετσέτα
handdoek
ντους
stort
κουρτίνα ντουζ
stortgordyn
αφρόλουτρο
borrel bad
μπανιέρα
bad
ποτήρι
glas
πλυντήριο ρούχων
wasmasjien
βρύση
kraan
πλακάκια
teëls
γιογιό
potjie
νεροχύτης
opwasbak

τουαλέτα
toilet

τούρκικη τουαλέτα
hurktoilet

μπιντές
bidet

ουρητήριο
urinaal

χαρτί υγείας
toiletpapier

πιγκάλ
toiletborsel

οδοντόβουρτσα

tandeborsel

οδοντόκρεμα

tandepasta

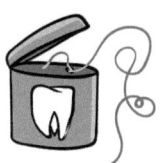

οδοντικό νήμα

tande vlos

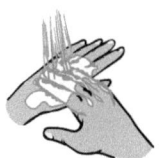

πλένω

was

τηλέφωνο ντους

handstort

ντουσιέρα

stort

λεκάνη

wasbak

βούρτσα πλάτης

rugkantborsel

σαπούνι

seep

αφρόλουτρο

stortgel

σαμπουάν

sjampoe

φανέλα

flanel

σιφόνι

drein

κρέμα

room

αποσμητικό

reukweerder

καθρέφτης
spieël

καθρέφτης χειρός
spieëltjie

ξυραφάκι
skeermes

αφρός ξυρίσματος
skeerroom

αφτερσέιβ
naskeermiddel

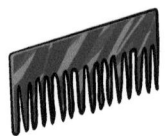

χτένα
kam

βούρτσα
borsel

σεσουάρ
haardroër

λακ
haarsproei

μακιγιάζ
grimmering

κραγιόν
lipstifie

βερνίκι νυχιών
naellak

βαμβάκι
watte

ψαλίδι νυχιών
naelknipper

άρωμα
parfuum

νεσεσέρ

toiletsakkie

σκαμπό

stoel

ζυγαριά

skaal

μπουρνούζι

badjas

ελαστικά γάντια

rubberhandskoene

ταμπόν

tampon

πετσέτα υγιεινής

sanitêre handdoek

χημική τουαλέτα

chemiese toilet

παιδικό δωμάτιο

kinderkamer

ξυπνητήρι
wekker
λούτρινο ζωάκι
snoesige speelding
αυτοκινητάκι
speelgoedkarretjie
κουδουνίστρα
ratel
κουκλόσπιτο
pophuis
δώρο
geskenk

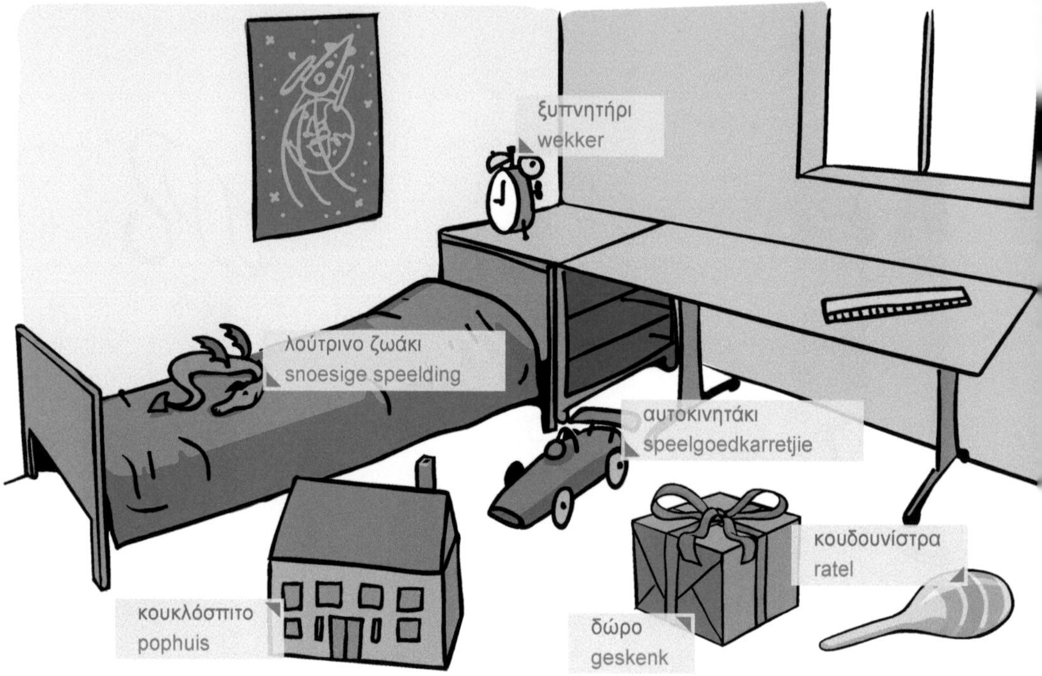

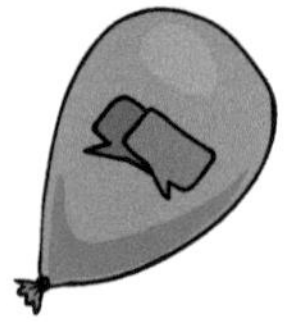

μπαλόνι

ballon

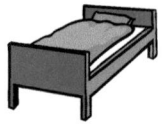

κρεβάτι

bed

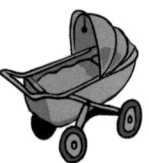

καροτσάκι

stootwaentjie

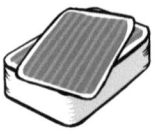

τράπουλα

kaartespel

παζλ

legkaart

SUPER
MEGA

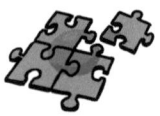

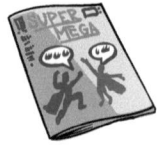

κόμικς

tekenprent

τουβλάκια lego

lego-blokkies

τουβλάκια κατασκευών

speelgoedblokke

φιγούρα δράσης

animasieheld

βρεφικό φορμάκι

groeipakkie

φρίσμπι

frisbee

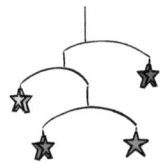

μόμπιλο

mobile

επιτραπέζιο παιχνίδι

bordspeletjie

ζάρια

dobbelsteen

σετ τρενάκι

model trein stel

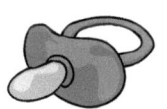

πιπίλα

fopspeen

πάρτι

partytjie

εικονογραφημένο βιβλίο

prenteboek

μπάλα

bal

κούκλα

pop

παίζω

speel

σκάμμα με άμμο

sandput

κούνια

swaai

παιχνίδια

speelgoed

κονσόλα βιντεοπαιχνιδιών

videospeletjie-konsole

τρίκυκλο

driewiel

αρκουδάκι

teddiebeer

ντουλάπα

klerekas

ρούχα
klere

κάλτσες

sokkies

καλτσοδέτες

kouse

καλσόν

broekiekouse

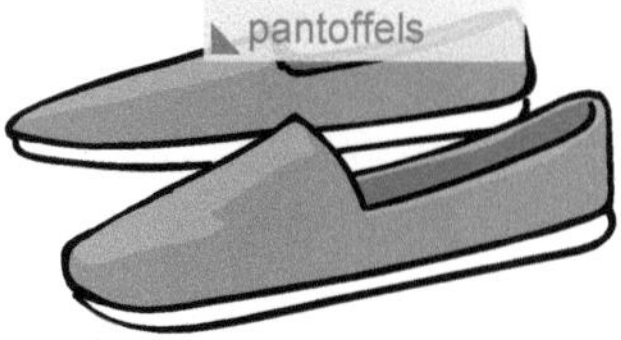

κασκόλ
serp

ομπρέλα
sambreel

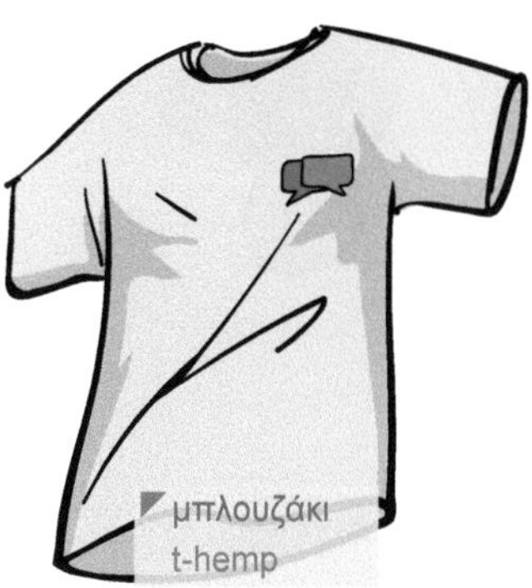

ζώνη
belt

μπλουζάκι
t-hemp

μπότες
skoene

παντόφλες
pantoffels

αθλητικά παπούτσια
tekkies

σανδάλια
sandale

παπούτσια
skoene

γαλότσες
rubber stewels

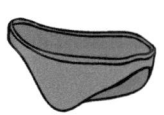

εσώρουχο
onderbroek

σουτιέν
bra

φανέλα
onderbaadjie

σώμα

liggaam

παντελόνι

broek

τζιν παντελόνι

jeans

φούστα

romp

μπλούζα

bloes

πουκάμισο

hemp

πουλόβερ

oortrektrui

πουλόβερ

oortrektrui

σακάκι

baadjie

μπουφάν

baadjie

παλτό

jas

αδιάβροχο πανωφόρι

reënjas

κοστούμι

kostuum

φόρεμα

rok

νυφικό

trourok

κοστούμι

pak

νυχτικό

nagrok

πιτζάμες

pajamas

σάρι

sari

μαντήλι

kopdoek

τουρμπάνι

tulband

μπούρκα

burqa

καφτάνι

kaftan

μουσουλμανικό ένδυμα

abaya

ολόσωμο μαγιό

swembroek

ανδρικό μαγιό

swembroek

σορτς

kortbroek

αθλητική φόρμα

sweetpak

ποδιά

voorskoot

γάντια

handskoene

κουμπί

knoppie

γυαλιά

bril

βραχιόλι

armband

περιδέραιο

halssnoer

δαχτυλίδι

ring

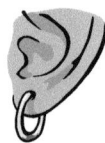

σκουλαρίκι

oorbel

καπέλο

pet

κρεμάστρα

klerehanger

καπέλο

hoed

γραβάτα

das

φερμουάρ

rits

κράνος

helmet

τιράντες

draadjies

μαθητική στολή

skooluniform

στολή

uniform

σαλιάρα

bib

πιπίλα

fopspeen

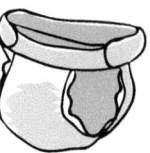

πάνα

doek

γραφείο
kantoor

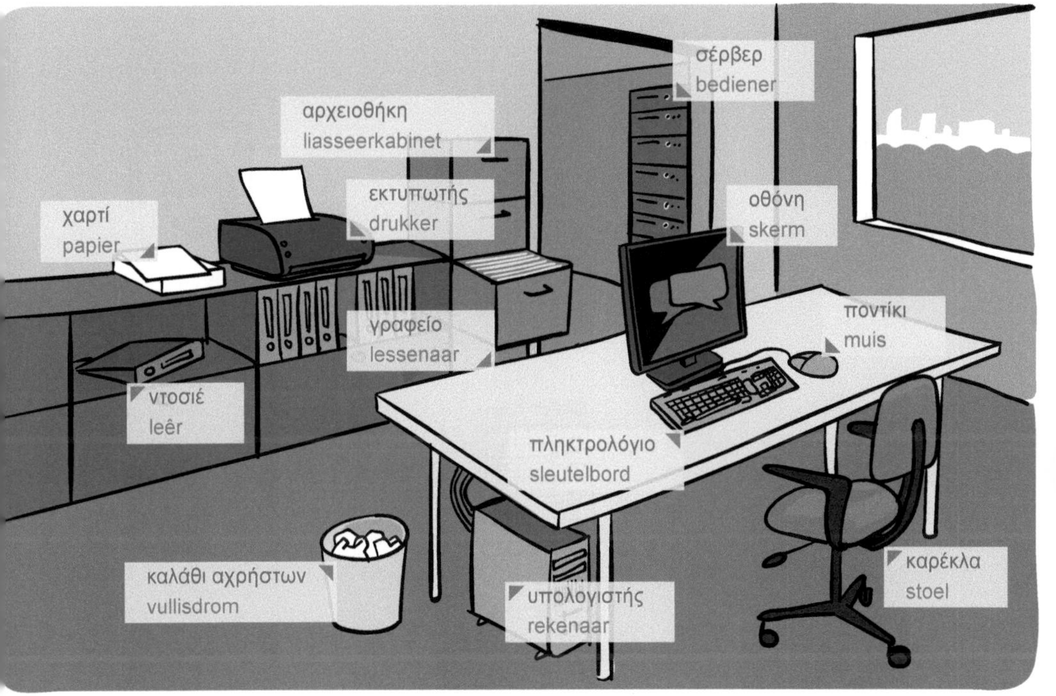

σέρβερ
bediener

αρχειοθήκη
liasseerkabinet

εκτυπωτής
drukker

οθόνη
skerm

χαρτί
papier

γραφείο
lessenaar

ποντίκι
muis

ντοσιέ
leêr

πληκτρολόγιο
sleutelbord

καλάθι αχρήστων
vullisdrom

καρέκλα
stoel

υπολογιστής
rekenaar

κούπα του καφέ

koffiebeker

κομπιουτεράκι

sakrekenaar

ίντερνετ

internet

λάπτοπ

skootrekenaar

γράμμα

brief

μήνυμα

boodskap

κινητό

selfoon

δίκτυο

netwerk

φωτοτυπικό μηχάνημα

fotostaatmasjien

λογισμικό

sagteware

τηλέφωνο

telefoon

πρίζα

muurprop

συσκευή φαξ

faksmasjien

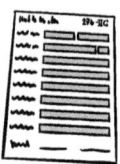

έντυπο

vorm

έγγραφο

dokument

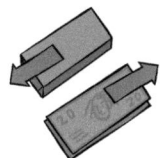

αγοράζω
koop

πληρώνω
betaal

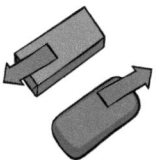

συναλλάσσομαι
besigheid doen

χρήματα
geld

δολάριο
dollar

ευρώ
euro

γιεν
yen

ρούβλι
roebel

ελβετικό φράγκο
switserse frank

ρενμίνμπι γιουάν
renminbi yuan

ρουπία
rupee

ATM (αυτόματη ταμειακή
μηχανή)
kontantteller (ATM)

ανταλλακτήρια
συναλλάγματος

bureau de change

χρυσός

goud

ασήμι

silwer

πετρέλαιο

olie

ενέργεια

energie

τιμή

prys

συμβόλαιο

kontrak

φόρος

belasting

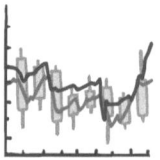

μετοχή

aandele

δουλεύω

werk

υπάλληλος

werknemer

εργοδότης

werkgewer

εργοστάσιο

fabriek

κατάστημα

winkel

αστυνόμος
polisiebeampte

πυροσβέστης
brandweerman

μάγειρας
kok

γιατρός
dokter

πιλότος
vlieënier

κηπουρός

tuinier

ξυλουργός

timmerman

μοδίστρα

naaldwerkster

δικαστής

regter

χημικός

chemikus

ηθοποιός

akteur

οδηγός λεωφορείου

busbestuurder

ταξιτζής

taxibestuurder

ψαράς

visserman

καθαρίστρια

skoonmaakvrou

τεχνίτης στεγών

dakwerker

σερβιτόρος

kelner

κυνηγός

jagter

ζωγράφος

skilder

αρτοποιός

bakker

ηλεκτρολόγος

elektrisiën

οικοδόμος

bouer

μηχανολόγος

ingenieur

κρεοπώλης

slagter

υδραυλικός

loodgieter

ταχυδρόμος

posman

επαγγέλματα - beroepe

στρατιώτης

soldaat

αρχιτέκτονας

argitek

ταμίας

kassier

ανθοπώλης

bloemiste

κομμωτής

haarkapper

ελεγκτής εισιτηρίων

kondukteur

μηχανικός

werktuigkundige

καπετάνιος

kaptein

οδοντίατρος

tandarts

επιστήμονας

wetenskaplike

ραβίνος

rabbi

ιμάμης

imam

μοναχός

monnik

ιερέας

predikant

εργαλεία
gereedskap

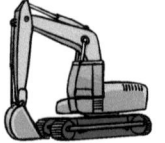

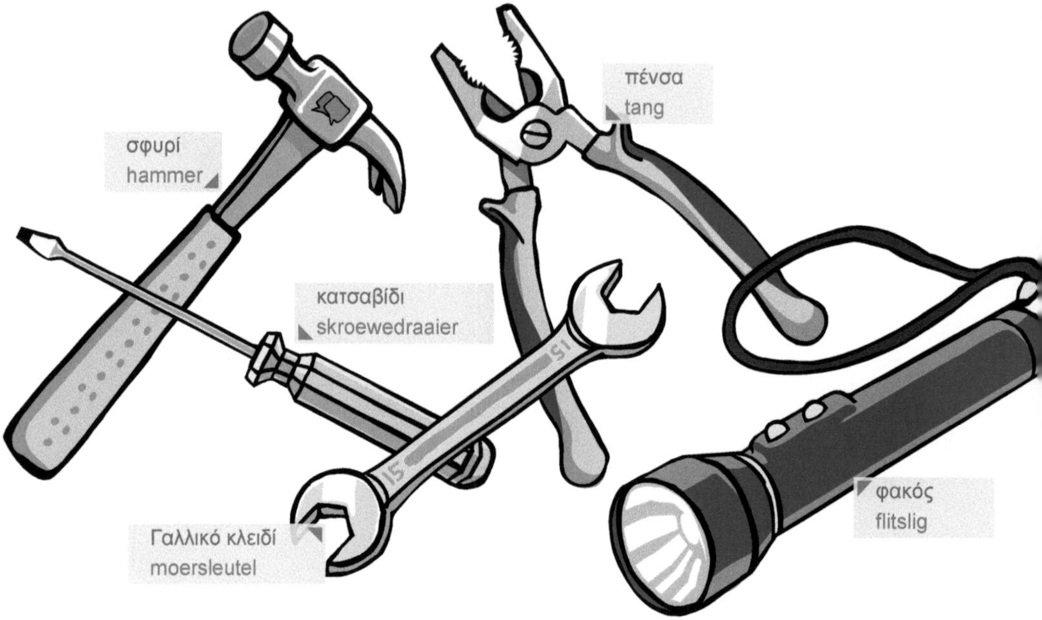
σφυρί
hammer
πένσα
tang
κατσαβίδι
skroewedraaier
Γαλλικό κλειδί
moersleutel
φακός
flitslig

εκσκαφέας

graaftoestel

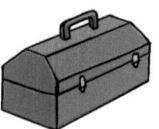

εργαλειοθήκη

gereedskapskis

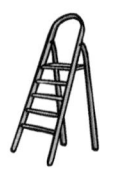

σκάλα

leer

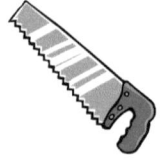

πριόνι

saag

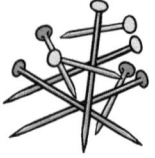

καρφιά

naels

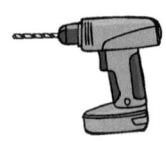

τρυπάνι

boor

επισκευάζω

regmaak

φτυάρι

graaf

Να πάρει!

verdomp!

φαράσι

skoppie

δοχείο χρωμάτων

verfpot

βίδες

skroewe

μουσικά όργανα
musiekinstrumente

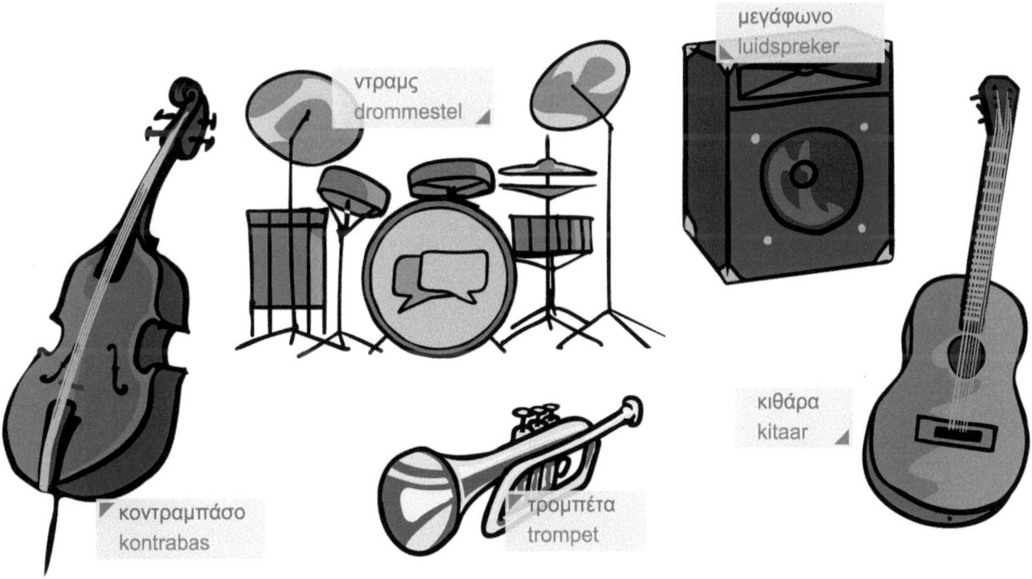

ντραμς
drommestel

μεγάφωνο
luidspreker

κιθάρα
kitaar

κοντραμπάσο
kontrabas

τρομπέτα
trompet

πιάνο

klavier

βιολί

viool

μπάσο

bas

τύμπανα

keteltrom

τύμπανο

dromme

πλήκτρα

sleutelbord

σαξόφωνο

saksofoon

φλάουτο

fluit

μικρόφωνο

mikrofoon

ζωολογικός κήπος

dieretuin

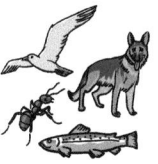

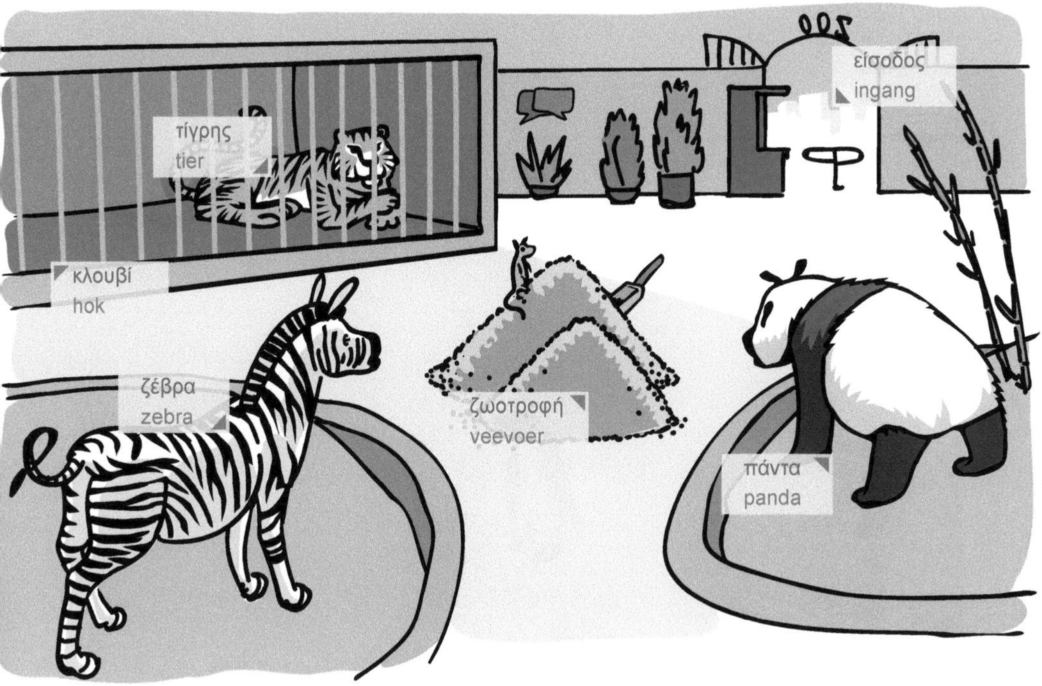

τίγρης
tier
κλουβί
hok
ζέβρα
zebra
ζωοτροφή
veevoer
πάντα
panda
είσοδος
ingang

ζώα

diere

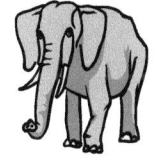

ελέφαντας

olifant

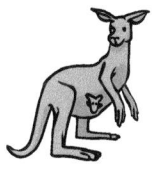

καγκουρό

kangaroo

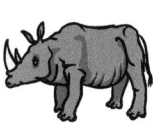

ρινόκερος

renoster

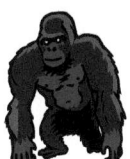

γορίλας

gorilla

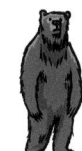

αρκούδα

beer

καμήλα

kameel

στρουθοκάμηλος

volstruis

λιοντάρι

leeu

πίθηκος

aap

φλαμίνγκο

flamink

παπαγάλος

papegaai

πολική αρκούδα

ysbeer

πιγκουίνος

pikkewyn

καρχαρίας

haai

παγώνι

pou

φίδι

slang

κροκόδειλος

krokodil

φύλακας ζωολογικού κήπου

dieretuinopsigter

φώκια

rob

τζάγκουαρ

jaguar

πόνυ

ponie

λεοπάρδαλη

luiperd

ιπποπόταμος

seekoei

καμηλοπάρδαλη

kameelperd

αετός

arend

αγριογούρουνο

wildevark

ψάρι

vis

χελώνα

skilpad

θαλάσσιος ίππος

walrus

αλεπού

jakkals

γαζέλα

gemsbok

Αμερικάνικο ποδόσφαιρο
Amerikaanse Voetbal

ποδηλασία
fietsry

αντισφαίριση
tennis

μπάσκετ
basketbal

κολύμβηση
swem

πυγχαμία
boks

χόκεϋ επί πάγου
ys-hokkie

ποδόσφαιρο
sokker

μπάντμιντον
pluimbal

στίβος
atletiek

χάντμπολ
handbal

σκι
ski

πόλο
polo

δραστηριότητες
aktiwiteite

γελάω
lag
πηδάω
spring
αγκαλιάζω
drukkie
περπατάω
loop
τραγουδάω
sing
ονειρεύομαι
droom
προσεύχομαι
bid
φιλάω
soen

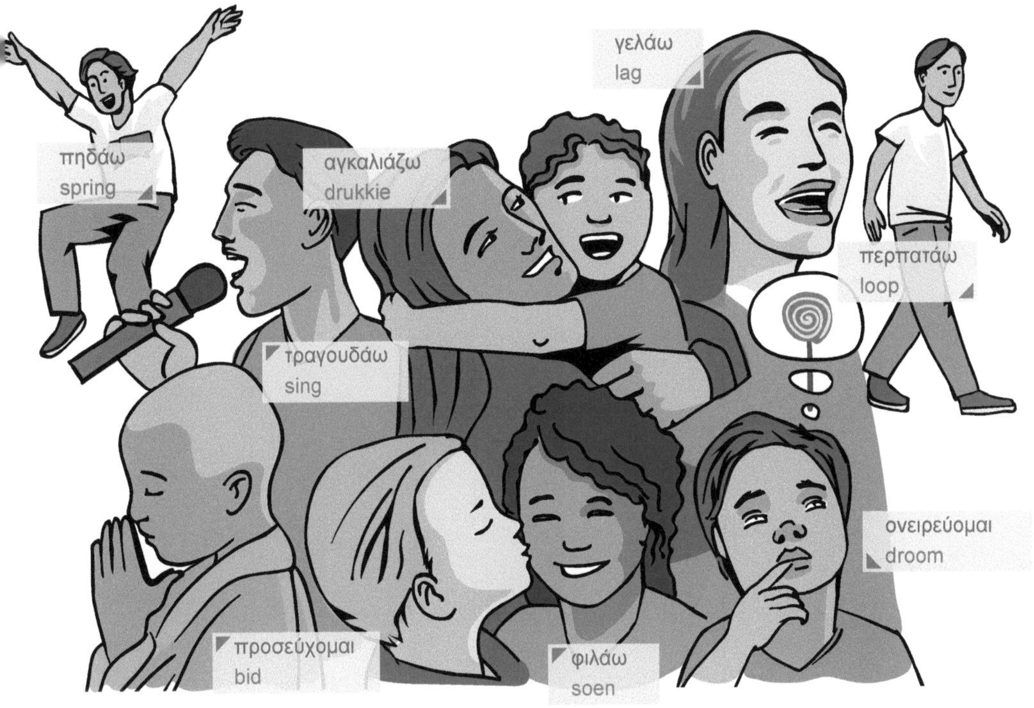

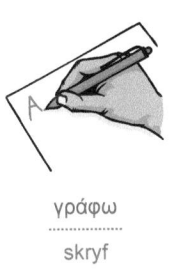

γράφω

skryf

σχεδιάζω

teken

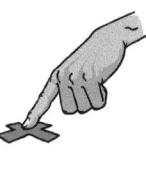

δείχνω

show

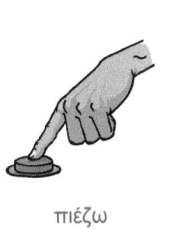

πιέζω

druk

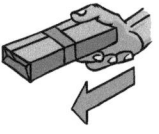

δίνω

gee

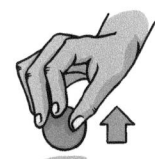

παίρνω

neem

έχω

het

κάνω

doen

είμαι

wees

στέκομαι

staan

τρέχω

hardloop

τραβάω

trek

ρίχνω

gooi

πέφτω

val

ξαπλώνω

jok

περιμένω

wag

κουβαλώ

dra

κάθομαι

sit

φοράω

aantrek

κοιμάμαι

slaap

ξυπνάω

wakker word

δραστηριότητες - aktiwiteite

κοιτάω
kyk na

κλαίω
huil

χαϊδεύω
streel

χτενίζω
kam

μιλάω
praat

καταλαβαίνω
verstaan

ρωτάω
vra

ακούω
luister

πίνω
drink

τρώω
eet

συγυρίζω
opruim

αγαπάω
liefhê

μαγειρεύω
kook

οδηγώ
ry

πετάω
vlieg

κάνω ιστιοπλοΐα

seil

υπολογίζω

bereken

διαβάζω

lees

μαθαίνω

leer

δουλεύω

werk

παντρεύομαι

trou

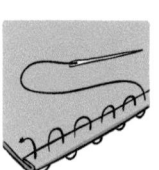

ράβω

naai

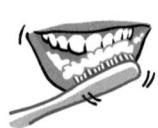

βουρτσίζω τα δόντια

tande borsel

σκοτώνω

doodmaak

καπνίζω

rook

στέλνω

stuur

γιαγιά
ouma

παππούς
oupa

πατέρας
pa

μητέρα
ma

μωρό
baba

κόρη
dogter

γιος
seun

καλεσμένος

gas

θεία

tannie

θείος

oom

αδελφός

broer

αδελφή

suster

σώμα
liggaam

μέτωπο
voorkop
μάτι
oog
ώμος
skouer
δάχτυλο
vinger
πρόσωπο
gesig
πιγούνι
ken
χέρι
hand
πόδι
been
στήθος
bors
βραχίονας
arm

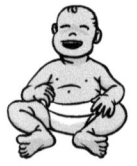

μωρό

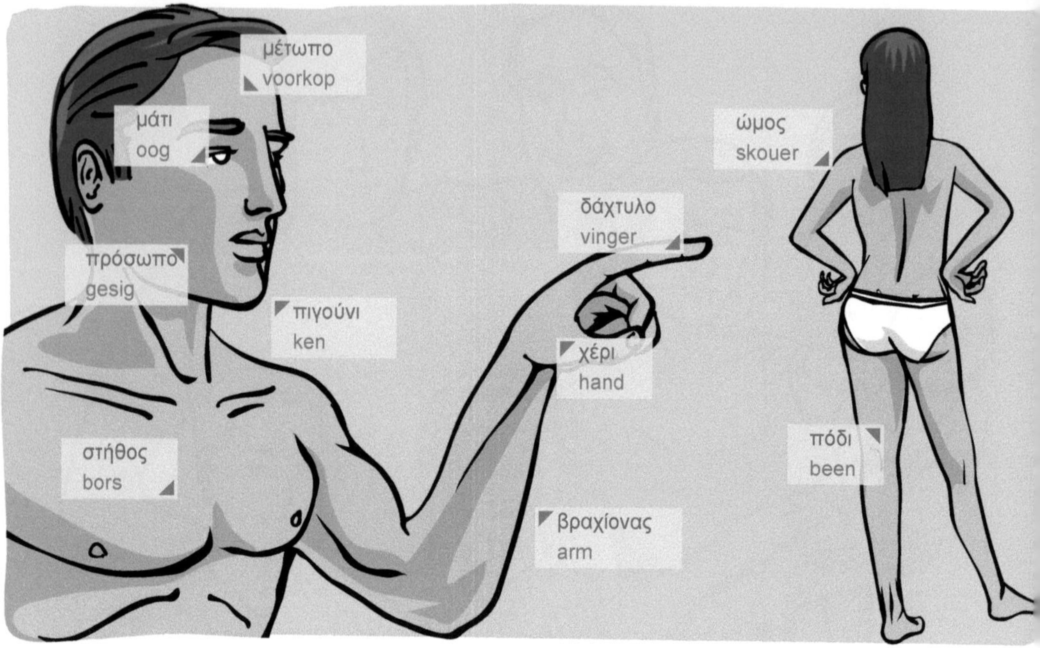

baba

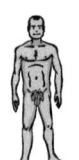

άνδρας

man

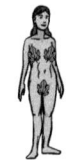

γυναίκα

vrou

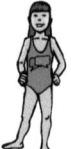

κορίτσι

meisie

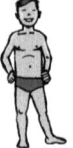

αγόρι

seun

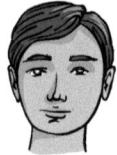

κεφάλι

kop

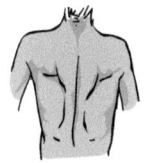

πλάτη

rug

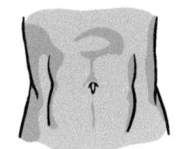

κοιλιά

buik

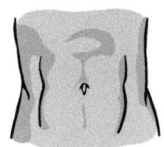

αφαλός

naelstring

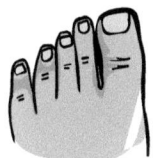

δάχτυλο ποδιού

toon

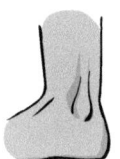

φτέρνα

hak

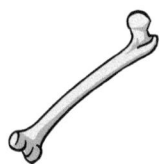

κόκκαλο

been

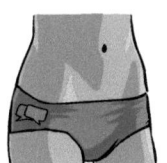

γοφός

heup

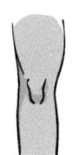

γόνατο

knie

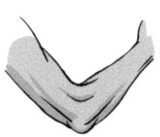

αγκώνας

elmboog

μύτη

neus

γλουτός

boude

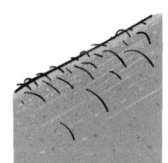

δέρμα

vel

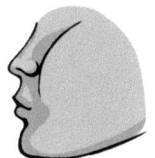

μάγουλο

wang

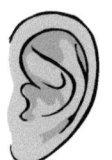

αυτί

oor

χείλος

lippe

στόμα

mond

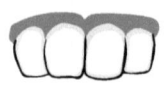

δόντι

tand

γλώσσα

tong

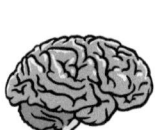

εγκέφαλος

brein

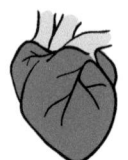

καρδιά

hart

μυς

spiere

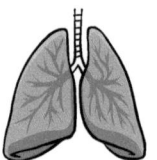

πνεύμονας

long

συκώτι

lewer

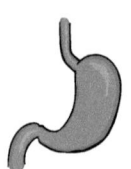

στομάχι

maag

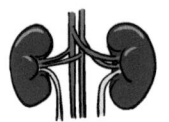

νεφρά

niere

σεξουαλική επαφή

seks

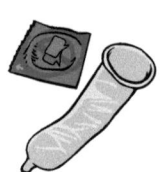

προφυλακτικό

kondoom

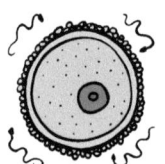

ωάριο

eierstok

σπέρμα

semen

εγκυμοσύνη

swangerskap

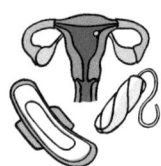

περίοδος

menstruasie

γυναικείος κόλπος

vagina

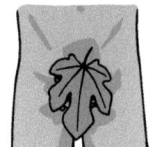

πέος

penis

φρύδι

wenkbrou

μαλλιά

hare

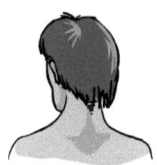

λαιμός

nek

νοσοκομείο
hospitaal

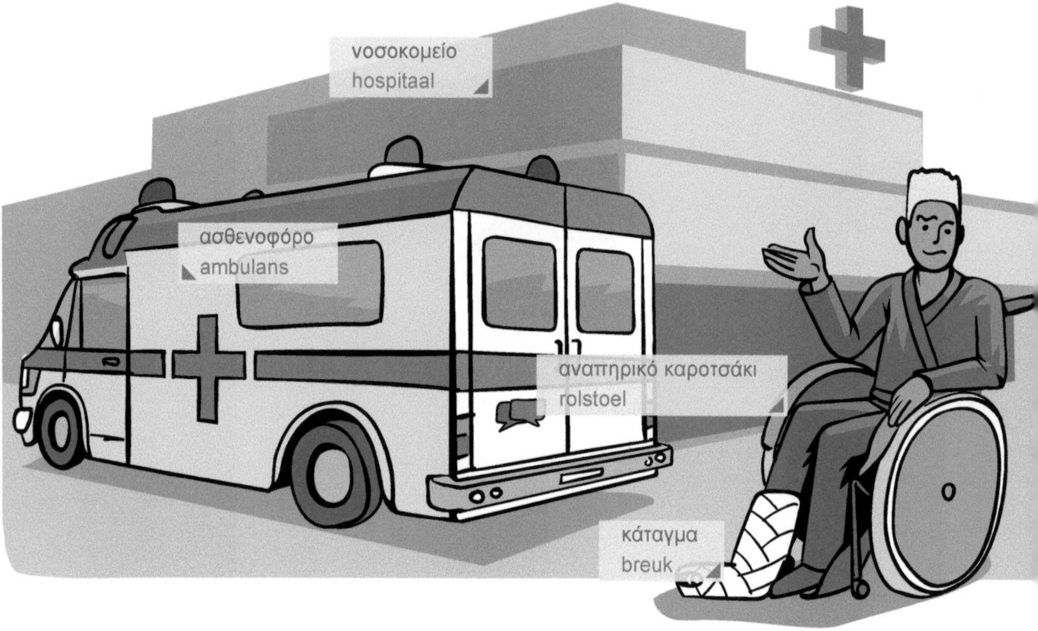

νοσοκομείο
hospitaal
ασθενοφόρο
ambulans
αναπηρικό καροτσάκι
rolstoel
κάταγμα
breuk

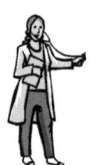

γιατρός

dokter

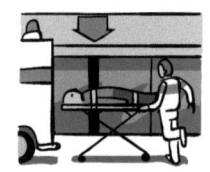

μονάδα εντατικής θεραπείας

ongevalle

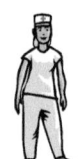

νοσοκόμα

verpleegster

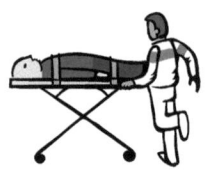

έκτακτη ανάγκη

noodgeval

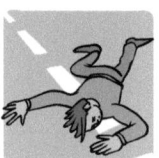

λιπόθυμος

bewusteloos

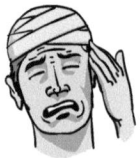

πόνος

pyn

τραύμα

besering

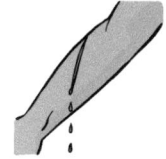

αιμορραγία

bloeding

έμφραγμα

hartaanval

εγκεφαλικό

beroerte

αλλεργία

allergie

βήχας

hoes

πυρετός

koors

γρίπη

griep

διάρροια

diarree

πονοκέφαλος

hoofpyn

καρκίνος

kanker

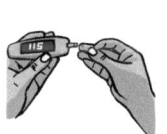

διαβήτης

diabetes

χειρουργός

chirurg

νυστέρι

skalpel

εγχείρηση

operasie

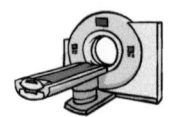

αξονική τομογραφία

CT

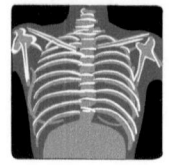

ακτινογραφία

X-straal

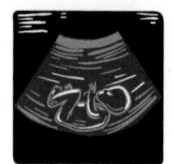

υπέρηχος

ultraklank

μάσκα

gesigmasker

ασθένεια

siekte

αίθουσα αναμονής

wagkamer

πατερίτσα

kruk

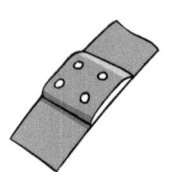

χάνσαπλαστ

gips

επίδεσμος

verband

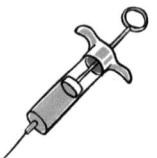

ένεση

inspuiting

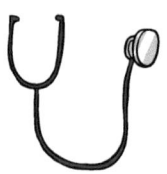

στηθοσκόπιο

stetoskoop

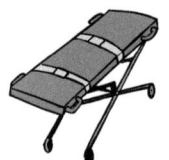

φορείο

draagbaar

θερμόμετρο

kliniese termometer

γέννηση

geboorte

υπέρβαρο

oorgewig

ακουστικό βαρηκοΐας

gehoorapparaat

αντισηπτικό

ontsmettingsmiddel

λοίμωξη

infeksie

ιός

virus

HIV/AIDS

MIV / vigs

φάρμακο

medisyne

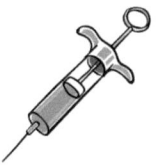

εμβολιασμός

inenting

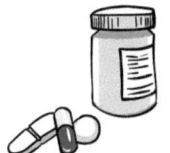

δισκία

tablette

χάπι

pil

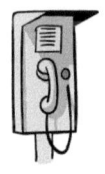

κλήση έκτακτης ανάγκης

noodoproep

πιεσόμετρο αίματος

blooddrukmonitor

άρρωστος / υγιής

siek / gesond

Βοήθεια!

Help!

συναγερμός

alarm

βιαιοπραγία

aanranding

επίθεση

aanval

κίνδυνος

gevaar

έξοδος κινδύνου

nooduitgang

Φωτιά!

Brand!

πυροσβεστήρας

brandblusser

ατύχημα

ongeluk

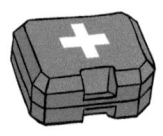

κουτί πρώτων βοηθειών

noodhulpkissie

SOS

SOS

αστυνομία

polisie

Ευρώπη

Europa

Βόρεια Αμερική

Noord-Amerika

Νότια Αμερική

Suid-Amerika

Αφρική

Afrika

Ασία

Asië

Αυστραλία

Australië

Ατλαντικός Ωκεανός

Atlantiese Oseaan

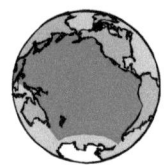

Ειρηνικός Ωκεανός

Stille Oseaan

Ινδικός Ωκεανός

Indiese Oseaan

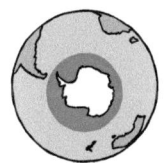

Ανταρκτικός Ωκεανός

Antarktiese Oseaan

Αρκτικός Ωκεανός

Arktiese Oseaan

Βόρειος Πόλος

Noordpool

Νότιος Πόλος

Suidpool

Ανταρκτική

Antarktika

Γη

aarde

γη

land

θάλασσα

see

νησί

eiland

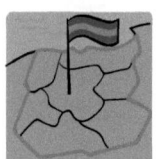

έθνος

nasie

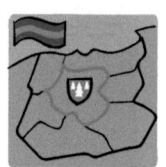

πολιτεία

staat

κανταράν ρολογιού

horlosie

ωροδείκτης

uur-aanwyser

λεπτοδείκτης

minuut-aanwyser

δείκτης δευτερολέπτων

sekonde-aanwyser

Τι ώρα είναι;

Hoe laat is dit?

ημέρα

dag

χρόνος

tyd

τώρα

nou

ψηφιακό ρολόι

digitale horlosie

λεπτό

minuut

ώρα

uur

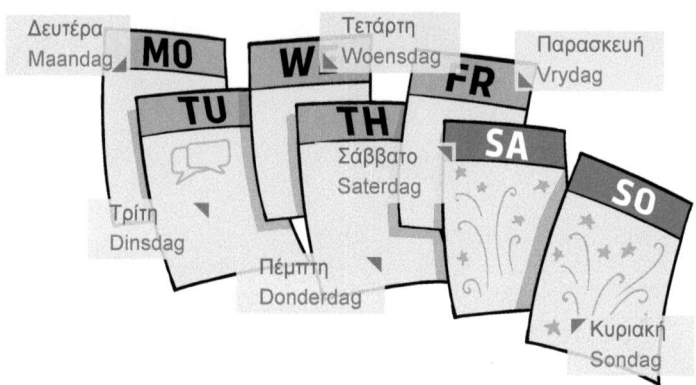

χθες
....
gister

σήμερα
....
vandag

αύριο
....
môre

πρωί
....
oggend

μεσημέρι
....
middag

βράδυ
....
aand

MO	TU	WE	TH	FR	SA	SU
1	2	3	4	5	6	7
8	9	10	11	12	13	14
15	16	17	18	19	20	21
22	23	24	25	26	27	28
29	30	31	1	2	3	4

εργάσιμες ημέρες
....
werksdae

MO	TU	WE	TH	FR	SA	SU
1	2	3	4	5	6	7
8	9	10	11	12	13	14
15	16	17	18	19	20	21
22	23	24	25	26	27	28
29	30	31	1	2	3	4

Σαββατοκύριακο
....
naweek

έτος
jaar

βροχή
reën
ουράνιο τόξο
reënboog
χιόνι
sneeu
άνεμος
wind
άνοιξη
lente
φθινόπωρο
Herfs
καλοκαίρι
somer
χειμώνας
winter

4.APRIL 11°
5.APRIL 4°
6.APRIL 13°
7.APRIL 8°
8.APRIL 10°

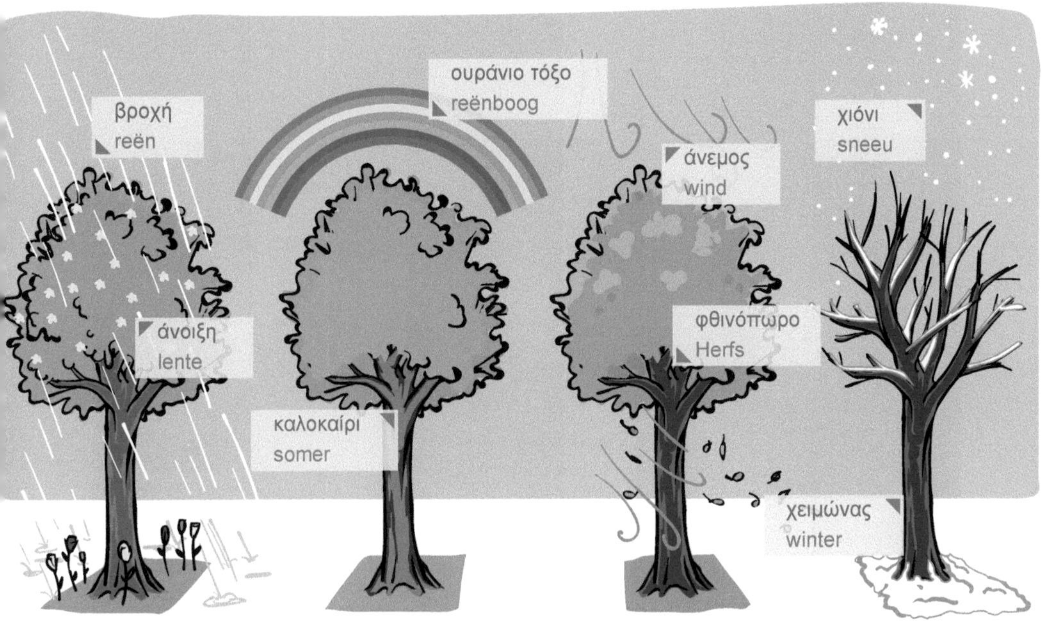

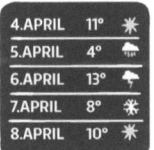

πρόγνωση καιρού

weervoorspelling

F C
120 90 60 30 0 -30
40 30 20 10 0 -10 -20

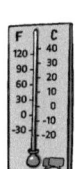

θερμόμετρο

termometer

λιακάδα

sonskyn

σύννεφο

wolk

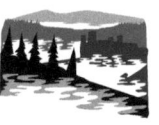

ομίχλη

mis

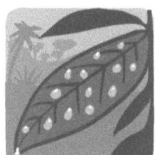

υγρασία

humiditeit

αστραπή

weerlig

κεραυνός

donderweer

καταιγίδα

storm

χαλάζι

hael

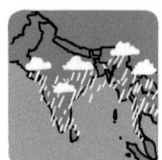

μουσώνας

reënseisoen

πλημμύρα

vloed

πάγος

ys

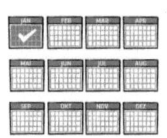

Ιανουάριος

Januarie

Φεβρουάριος

Februarie

Μάρτιος

Maart

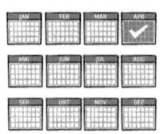

Απρίλιος

April

Μάιος

Mei

Ιούνιος

Junie

Ιούλιος

Julie

Αύγουστος

Augustus

έτος - jaar

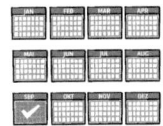

Σεπτέμβριος

September

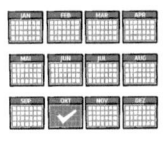

Οκτώβριος

Oktober

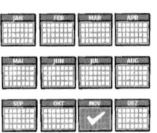

Νοέμβριος

November

Δεκέμβριος

Desember

σχήματα
vorms

κύκλος

sirkel

τετράγωνο

vierkant

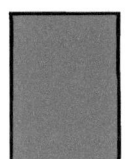

ορθογώνιο
παραλληλόγραμμο
reghoek

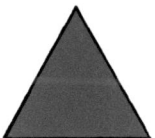

τρίγωνο

driehoek

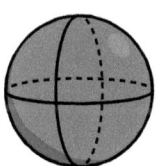

σφαίρα

gebied

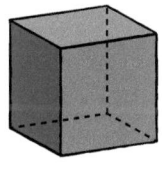

κύβος

kubus

άσπρο

wit

κίτρινο

geel

πορτοκαλί

oranje

ροζ

pink

κόκκινο

rooi

μωβ

pers

μπλε

blou

πράσινο

groen

καφέ

bruin

γκρι

grys

μαύρο

swart

πολύ / λίγο

'n baie / 'n bietjie

θυμωμένος / ήρεμος

kwaad / kalm

όμορφος / άσχημος

pragtig / lelik

αρχή / τέλος

begin / einde

μεγάλος / μικρός

groot / klein

φωτεινός / σκοτεινός

helder / donker

αδελφός / αδελφή

broer / suster

καθαρός / λερωμένος

skoon / vuil

πλήρης / ατελής

volledige / onvolledige

ημέρα / νύχτα

dag / nag

νεκρός / ζωντανός

dood / lewendig

φαρδύς / στενός

wyd / smal

βρώσιμος / μη βρώσιμος

eetbare / oneetbaar

κακός / ευγενικός

kwaad / vriendelik

ενθουσιασμένος / βαριεστημένος

opgewonde / verveeld

παχύς / λεπτός

vet / maer

πρώτος / τελευταίος

eerste / laaste

φίλος / εχθρός

vriend / vyand

γεμάτος / άδειος

vol / leeg

σκληρός / μαλακός

hard / sag

βαρύς / ελαφρύς

swaar / lig

πείνα / δίψα

honger / dors

άρρωστος / υγιής

siek / gesond

παράνομος / νόμιμος

onwettige / wettige

έξυπνος / χαζός

slim / dom

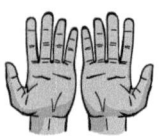

αριστερός / δεξιός

links / regs

κοντινός / μακρινός

naby / vêr

καινούριος /
μεταχειρισμένος
nuut / tweedehands

τίποτα / κάτι
niks / iets

γέρος | νέος
oud / jonk

αναμμένος / σβηστός
aan / af

ανοιχτός / κλειστός
oop / toe

χαμηλόφωνος /
μεγαλόφωνος
stil / lawaaierig

πλούσιος / φτωχός
ryk / arm

σωστός / λανθασμένος
reg / verkeerd

τραχύς / λείος
grof / glad

λυπημένος / χαρούμενος
hartseer / gelukkig

κοντός / μακρύς
kort / lank

αργός / γρήγορος
stadig / vinnig

υγρός / στεγνός
nat / droog

ζεστός / δροσερός
warm / koel

πόλεμος / ειρήνη
oorlog / vrede

αντίθετα - teenoorgesteldes

0	**1**	**2**
μηδέν	ένα	δύο
nul	een	twee
3	**4**	**5**
τρία	τέσσερα	πέντε
drie	vier	vyf
6	**7**	**8**
έξι	εφτά	οκτώ
ses	sewe	agt
9	**10**	**11**
εννιά	δέκα	έντεκα
nege	tien	elf

12

δώδεκα

twaalf

13

δεκατρία

dertien

14

δεκατέσσερα

veertien

15

δεκαπέντε

vyftien

16

δεκαέξι

sestien

17

δεκαεφτά

sewentien

18

δεκαοκτώ

agtien

19

δεκαεννέα

negentien

20

είκοσι

twintig

100

εκατό

honderd

1.000

χίλια

duisend

1.000.000

εκατομμύριο

miljoen

αριθμοί - getalle

Αγγλικά

Engels

Αμερικάνικα Αγγλικά

Amerikaanse Engels

Μανδαρίνικα Κινέζικα

Mandaryns

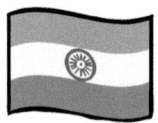

Χίντι

Hindi

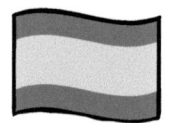

Ισπανικά

Spaans

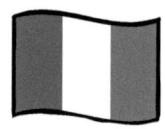

Γαλλικά

Frans

Αραβικά

Arabies

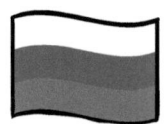

Ρώσικα

Russies

Πορτογαλικά

Portugees

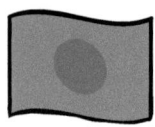

Μπενγκάλι

Bengaals

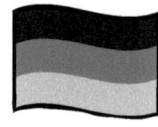

Γερμανικά

Duits

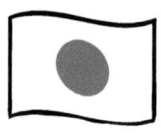

Ιαπωνικά

Japanees

εγώ

Ek

εσύ

jy

αυτός / αυτή / αυτό

hy / sy / dit

εμείς

ons

εσείς

julle

αυτοί / αυτές / αυτά

hulle

ποιος / ποια / ποιο;

wie?

τι;

wat?

πώς;

hoe?

πού;

waar?

πότε;

wanneer?

όνομα

naam

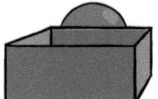

πίσω

agter

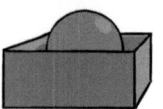

μέσα

in

μπροστά

voor

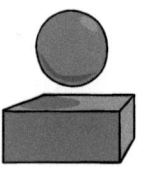

πάνω από

oor

πάνω

bo-op

κάτω

onder

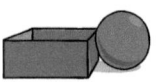

δίπλα

langs

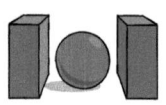

ανάμεσα

tussen

μέρος

plek